CW00507698

TAC VEGANOS Y PAPAS FRITAS

ANDREAS TAQUES

TACOS VEGANOS Y PAPAS FRITAS
by ANDREAS TAQUES
© COPYRIGHT 2020 RESERVADOS
TODOS LOS DERECHOS.

Este documento está orientado a brindar información exacta y confiable con respecto al tema y tema tratado. La publicación se vende con la idea de que el editor no está obligado a prestar servicios de contabilidad, autorizados oficialmente o calificados de otro modo. Si es necesario un consejo, legal o profesional, se debe solicitar a un individuo practicado en la profesión. De una Declaración de Principios que fue aceptada y aprobada por igualy por un Comité de la Asociación de Abogados de Estados Unidos y un Comité de Editores y Asociaciones. De ninguna manera es legal reproducir, duplicar o transmitir cualquier parte de este documento, ya sea en medios electrónicos o en formato impreso. La grabación de esta publicación está estrictamente prohibida y no se permite el almacenamiento de este documento a menos que se cuente con el permiso por escrito del editor. Reservados todos los derechos. La información proporcionada en este documento se declara veraz y coherente, en el sentido de que cualquier responsabilidad, en términos de falta de atención o de otro tipo, por cualquier uso o abuso de las políticas, procesos o instrucciones contenidas en él, es responsabilidad exclusiva y absoluta del lector receptor. Bajo ninguna circunstancia se responsabilizará al editor por cualquier reparación, daño o pérdida monetaria debido a la información aquí contenida, ya sea directa o indirectamente

INTRODUCCIÓN

Estados Unidos tiene la industria de comida rápida más grande del mundo y hay restaurantes de comida rápida estadounidenses en más de 100 países. Gente de todo tipo se siente atraída por los restaurantes de bajo costo y alta velocidad que sirven comidas deliciosas y populares.

Pero seamos honestos, la comida no es saludable. La buena noticia es que es fácil preparar sus platos favoritos del menú de comida rápida en casa. Puedes elegir los ingredientes para que sean saludables, nostálgicos e indulgentes.

¿Te gustan las hamburguesas, los sándwiches, los tacos, las empanadas y los burritos y buscas versiones veganas? ¡Entonces te encantará este resumen de recetas veganas de comida rápida dignas de babear!

PAPAS FRITAS

1. Papas fritas americanas

Ingredientes
- 4-5 papas rojas grandes, sin piel, cortadas en tiras finas, remojadas en agua fría
- aceite de cacahuete
- sal kosher

Direcciones
1. Pon tu horno a 200 grados antes de hacer cualquier otra cosa.
2. Al mismo tiempo, comience a calentar un poco de aceite de maní en un horno holandés. Caliente el aceite hasta que alcance una temperatura de 330 grados F.
3. Escurre las papas del agua fría en la que estaban empapadas mientras las cortas y las secas.

4.   Una vez que el aceite haya alcanzado la temperatura ideal, coloque las papas fritas en el aceite con cuidado. Trabajando en conjuntos, cocine las papas durante 4 minutos y luego colóquelas en un plato forrado con toallas de papel.

5.   Una vez que todas las patatas se hayan cocido durante 4 minutos y se hayan escurrido el exceso de aceite. Calienta el aceite a 375 grados.

6.   Una vez que el aceite haya alcanzado la nueva temperatura, comienza a refriar las papas por otros 4 minutos hasta que estén crujientes.

7.   Coloque todo en una rejilla para escurrir y, una vez que todas las papas se hayan refrito y escurrido, cúbralas con sal.

8.

2. Papas fritas sazonadas

Ingredientes
- papa, sin piel, cortada en tiras
- aceite de oliva
- condimento criollo

Direcciones
1. Configure su horno a 425 grados antes de hacer cualquier otra cosa.
2. Obtenga una bolsa de plástico con cierre y coloque las papas cortadas en la bolsa de plástico. Vierta un poco de aceite de oliva y también un poco de condimento criollo generosamente.
3. Agite las papas en la bolsa para cubrirlas uniformemente con aceite y especias.
4. Coloca todas tus patatas en una cazuela. Una vez que todas las patatas se hayan colocado en el plato y el horno haya alcanzado la temperatura adecuada. Hornee las papas fritas en el horno durante unos 20 a 30 minutos hasta que estén completamente cocidas.

5. Deje que las papas fritas y el plato pierdan su calor y alcancen la temperatura ambiente, luego coloque todas las papas fritas y el plato en el congelador para congelarlas instantáneamente.

6. Una vez que todo esté congelado, saca las papas fritas del congelador y colócalas con cuidado en bolsas con cierre para guardarlas o en un Tupperware grande.

7. Cuando le gusten unas patatas fritas, saque una porción del congelador y vuelva a calentarlas en el horno a 425 grados durante unos 17 minutos.

3. Festival de papas fritas

Ingredientes
- 1 bolsas de 32 onzas de papas fritas congeladas picadas
- 3 cucharaditas de aceite de maní
- 2 cucharadas de queso parmesano
- 3/4 cucharadita de sal
- Spray para cocinar
- 2 cucharadas de mantequilla
- 8 dientes de ajo picados
- 2 cucharadas de perejil fresco, finamente

Direcciones
1. Ajuste su horno a 400 grados antes de hacer cualquier otra cosa.
2. Consiga una bolsa resellable y coloque las papas fritas en la bolsa junto con el aceite y la sal. Agite la bolsa para cubrir uniformemente las patatas fritas con aceite y sal.

3. Coloque todas sus papas fritas en una fuente para hornear que haya sido cubierta con spray antiadherente. Distribuya uniformemente las papas en el plato y cocine todo durante 12 minutos, luego voltee las papas fritas y continúe cocinando durante otros 10 minutos.

4. Ahora toma una sartén y comienza a calentar, agrega el ajo y la mantequilla y cocina el ajo durante 3 minutos a fuego lento. Batir el ajo mientras se cuece para evitar que se queme y sazonar la mantequilla. Agregue el queso, el perejil y las papas a la sartén y continúe cocinando y revolviendo todo durante aproximadamente 2 minutos más.

5. Trate de cubrir todas las papas fritas uniformemente con mantequilla y especias.

4. Aros de cebolla clásicos

Ingredientes
- 3 cebollas grandes, cortadas en aros finos
- 2 tazas de leche
- 2 tazas de harina para todo uso, en un bol

aceite sal

Direcciones
1. Coloque su leche en un recipiente y sumerja las cebollas en la leche. Deje reposar las cebollas en la leche durante 8 minutos.
2. A medida que las cebollas se remojan, agregue aceite a un horno holandés y comience a calentarlo para freír.
3. Una vez que el aceite esté caliente, sumerja un lote de cebollas remojadas en la harina y cúbralas uniformemente con harina. Una vez que las cebollas se hayan cubierto uniformemente y el aceite esté caliente, comience a freír las cebollas en tandas en el aceite hasta que estén doradas y doradas.

4.   Coloque los aros fritos en un plato forrado con papel toalla para escurrir y luego cúbralos con un poco de sal.

5. **Papas fritas de campo**

Ingredientes
- 6 papas medianas, sin piel, cortadas en papas fritas
- onza de aderezo italiano
- cucharadas de aceite
- 1 cucharada de perejil fresco picado

Direcciones
1.   Ajuste su horno a 350 grados antes de hacer cualquier otra cosa.
2.   Una vez que las papas se hayan cortado en rodajas, séquelas y déjelas reposar durante unos 20 minutos para que se sequen más.
3.   Consigue un tazón y coloca las papas fritas en él. Cubra las papas fritas con el aceite y revuelva todo.
4.   Consiga una bandeja para hornear galletas o una cazuela y coloque sus papas fritas en el plato o en la bandeja. Cubra las papas fritas

uniformemente con la mezcla de aderezo y luego mezcle todo. Luego, cubra las papas fritas nuevamente con el perejil y mezcle nuevamente.

5.   Cocine las patatas fritas en el horno durante 22 minutos y luego déles la vuelta.

6.   Ahora continúe cocinando y luego de 4 a 8 minutos más con una temperatura del horno de 450.

7.

6. Papas fritas italianas

Ingredientes
- 4 patatas rojizas peladas y cortadas en tiras para patatas fritas.
- 1 pizca de pimienta de cayena
- 1/2 taza de mantequilla derretida
- sal y pimienta
- polvo de ajo
- cebolla en polvo

Direcciones
1. Configure su horno a 375 grados antes de hacer cualquier otra cosa.
2. Cubra una cazuela con aceite en aerosol y luego coloque las papas fritas en el plato y cocínelas en el horno caliente durante 13 minutos.
3. Retire las patatas fritas del horno y cúbralas con la mantequilla derretida. Cubra las papas fritas con un poco de pimienta y sal, cebolla

y ajo en polvo, y pimienta de cayena Mezcle todo
para cubrir uniformemente las papas fritas y
luego vuelva a colocar todo en el horno durante
unos 10 a 12 minutos más o hasta que estén
cocidas a su gusto.

4.

7. Patatas fritas picantes

Ingredientes
- clara de huevo grande
- cucharaditas de chile en polvo
- 1/2 cucharadita de sal
- 1/4 cucharadita de ajo en polvo
- 1/4 de cucharadita de cebolla en polvo
- 16 onzas de batatas peladas, cortadas en tiras de 1/2 pulgada

Direcciones
1. Configure su horno a 450 grados antes de hacer cualquier otra cosa.
2. Consigue un cuenco, combina: especias y huevos. Batir la mezcla por completo, luego combinar las papas y mezclar todo para cubrir bien las papas fritas.
3. Coloca todas tus patatas en una cazuela y cocínalas durante unos 11 minutos en el horno. Luego voltee las papas fritas y continúe horneando por 11 minutos más.

8. Papas fritas sin freír

Ingredientes
- 5 papas grandes para hornear, cortadas en palitos de fósforo
- aceite vegetal ligero
- Spray para cocinar
- 2 claras de huevo grandes
- 1 cucharada de especias cajún

Direcciones
1. Ajuste su horno a 400 grados antes de hacer cualquier otra cosa.
2. Consigue una cazuela y cúbrela con spray antiadherente.
3. Consigue un bol para las claras de huevo y comienza a batirlas con la especia cajún. Combine las papas y mezcle todo de manera uniforme.
4. Coloca las patatas rebozadas en la cazuela y espárcelas uniformemente con espacio y cocínalas

en el horno en la rejilla inferior durante unos 40 minutos.

5.   Intente voltear las papas cada 7 a 10 minutos.

9. Papas fritas venecianas

Ingredientes
- 5 papas medianas, lavadas y cortadas en gajos
- 1/2 taza de aderezo italiano ligero
- 3 cucharadas de aceite de oliva

Direcciones
1. Ajuste su horno a 350 grados antes de hacer cualquier otra cosa.
2. Coloque las rodajas de papa en un tazón y mézclelas con el aderezo italiano.
3. Consiga una cazuela y cúbrala abundantemente con aceite de oliva, luego colóquela en las cuñas y mézclelas en el aceite de manera uniforme.
4. Cocine todo en el horno durante unos 50 a 55 minutos. Revisa y voltea tus papas cada 10 minutos.
5.

Ingredientes
- 4 batatas, sin piel, cortadas en tiras
- aceite de canola para freír
- sal

Direcciones
1. Caliente el aceite en un horno holandés a unos 350 grados.
2. Una vez que el aceite esté caliente, coloca las patatas en un bol y cúbrelas con un poco de sal y echa todo.
3. Comience a freír las papas en lotes, luego colóquelas en un plato forrado con toallas de papel para escurrir. Freír las patatas durante unos 3 minutos por cada lado o hasta que estén crujientes.

4.   Continúe con las papas fritas restantes. Deje que todo se escurra en el plato de papel toalla.
5.

11. Papas Fritas Mediterráneas

Ingredientes

- 3 libras de papas rojas, peladas y cortadas en cerillas gruesas
- 1 / 4-1 / 2 taza de aceite de oliva virgen extra
- spray antiadherente
- sal
- 1 limón para servir

Direcciones

1. Ajuste su horno a 400 grados antes de hacer cualquier otra cosa.
2. Consigue un tazón y coloca las patatas en él. Cubra las papas con el aceite y revuelva todo para cubrirlas uniformemente.
3. Consigue una cazuela y cúbrela con un poco de spray antiadherente y luego con un poco de aceite de oliva. Separe las papas de manera uniforme y cocínelas en el horno durante 55 minutos y déles la vuelta a la mitad.

4. Una vez que las papas estén horneadas, cúbrelas con un poco de sal a tu gusto. Luego exprime uniformemente el jugo de limón.

12. Papas fritas mexicanas

Ingredientes
- 2 cucharadas de condimento para tacos
- 1 bolsas de 26 onzas de papas fritas crujientes congeladas

Direcciones
1. Coloque las papas en una cazuela que haya sido cubierta con spray antiadherente. Coloque las papas en el plato y cocínelas en el horno a unos 425 grados hasta que estén doradas y estén listas entre 22 y 25 minutos.
2. Coloque sus papas fritas horneadas en un tazón y mézclelas con el condimento para tacos de manera uniforme.
3.

13. Papas fritas de Bélgica

Ingredientes

- 2 libras de papa, pelada y picada en palitos de fósforo
- 2 cucharaditas de hierbas de Provenza
- sal
- aceite para freír
- mayonesa, como salsa para servir

Direcciones

1. Caliente el aceite a 300 grados F. Luego, una vez que el aceite esté caliente, comience a freír las papas fritas en lotes durante 7 minutos. Luego retírelos del aceite con cuidado y déjelos escurrir en un plato forrado con papel toalla. Una vez que todas las papas fritas se hayan cocinado previamente, aumente el calor del aceite a 350 grados F. Una vez que el aceite esté caliente a la nueva temperatura.

2.   Comienza a freírlos nuevamente por 6 minutos más.

3.   Cubra las patatas fritas con un poco de sal y las hierbas de Provenza. Coloque un poco de mayonesa a un lado como salsa para las papas fritas.

4.

14. Papas fritas bajas en grasa

Ingredientes
- 4-6 papas, cortadas en gajos
- Spray para cocinar
- sal y pimienta

Direcciones
1. Ajuste su horno a 350 grados antes de hacer cualquier otra cosa.
2. Cubra una cacerola con aceite de soja en aerosol antiadherente. Luego coloque sus cuñas en el plato. Rocíe las papas con un poco más de spray y luego cubra todo con un poco de pimienta y un poco de sal. Mezcle las papas y cocine todo en el horno durante 32 minutos.
3.

15. Papas fritas para julio

Ingredientes

- 2 claras de huevo
- 1/2 cucharadita de chile en polvo
- 3/4 cucharadita de comino molido
- 1/4 cucharadita de pimienta negra
- 1/2 cucharadita de sal de mesa
- 2 papas grandes, lavadas y picadas en cerillas gruesas

Direcciones

1. Cubra una fuente para hornear con spray antiadherente y luego ajuste su horno a 425 grados antes de hacer cualquier otra cosa.

2. Consiga un tazón, combine: claras de huevo, comino, chile en polvo, pimienta, sal y papas. Mezcle todo de manera uniforme. Luego coloque las papas en la fuente para hornear de manera uniforme. Cocine todo en el horno durante 17 minutos. Luego ponga el horno a asar.

3. No cocine las papas a la parrilla, solo déjelas cocinar durante unos 5 a 9 minutos más.

16. Papas Fritas con Pimiento Blanco

Ingredientes

- 4 papas grandes, lavadas y cortadas en tiras
- 8 tazas de agua helada
- 1 cucharadita de ajo en polvo
- 1 cucharadita de cebolla en polvo
- 1/4 de cucharadita de sal
- 1 cucharadita de pimienta blanca
- 1/4 de cucharadita de pimienta gorda
- 1 cucharadita de hojuelas de pimiento picante
- 1 cucharada de aceite vegetal

Direcciones

1. Consigue un recipiente con agua fría con un poco de hielo y sumerge las patatas en él. Coloque una cubierta de plástico en el recipiente y deje reposar las papas en el agua durante 2 horas.

2. Escurre las papas del agua y sécalas, déjalas reposar durante unos 15 a 20 minutos.

3. Configure su horno a 475 grados antes de hacer cualquier otra cosa.

4. Obtenga una bolsa de plástico con cierre y agregue las siguientes especias, luego mezcle: hojuelas de pimienta, ajo y cebolla en polvo, pimienta de Jamaica, sal y pimienta blanca. Una vez que las especias se hayan mezclado de manera uniforme.

5. Agregue sus papas y mezcle todo. Cubra sus papas con un poco de aceite y luego coloque todo en una cacerola que haya sido cubierta con spray antiadherente.

6. Cubre el plato con papel de aluminio y cocina las patatas durante 17 minutos en el horno. Deseche el papel de aluminio y continúe horneando los fuegos durante otros 12 a 15 minutos o hasta que estén completamente cocidos.

7. Intente voltear las papas fritas al menos dos veces durante el proceso de horneado cuando no haya papel de aluminio en el plato.

17. Papas fritas con sal y vinagre

Ingredientes

- 1 1/4 libras de papas para hornear, lavadas, peladas y picadas en papas fritas finas
- 3 tazas de agua
- sal
- 2 cucharadas de vinagre blanco destilado, más 2 cucharaditas de vinagre blanco destilado,
- 1 cucharada de aceite de canola

Direcciones

1. Consigue un tazón y combina las 2 cucharadas de vinagre blanco y el agua. Revuelva el líquido y luego coloque las papas en él. Deje reposar las papas bajo el agua durante al menos 40 a 45 minutos.
2. Ahora configure su horno a 400 grados antes de hacer cualquier otra cosa.
3. Una vez que el horno esté caliente, escurre las papas y sécalas.
4. Obtenga un segundo tazón para sus papas después de que se hayan secado. Agregue su aceite de canola al tazón y revuelva las papas para cubrirlas uniformemente.

5. Consigue una cazuela o un molde para panecillos de gelatina y cúbrelo con un poco de spray antiadherente. Extienda uniformemente las papas en el plato y una vez que el horno esté caliente, comience a cocinarlas durante 22 minutos. Dale la vuelta a las papas revolviendo todo y continúa horneando durante unos 7 a 11 minutos más o hasta que descubras que están completamente cocidas.

6. Retire las patatas fritas del horno y déjelas enfriar un poco, luego mezcle las patatas fritas con dos cucharaditas más de vinagre y generosamente con un poco de sal según sus gustos.

7.

18. Papas fritas de 3 ingredientes

Ingredientes
- 2 papas rojizas, cortadas en papas fritas
- 2 cucharadas de aceite de oliva
- 2 cucharadas de condimento sin sodio aproximadamente

Direcciones
1. Ajuste su horno a 350 grados antes de hacer cualquier otra cosa.
2. Coloca las papas fritas en un bol y mézclalas con el aceite de oliva. Una vez que las papas se hayan cubierto uniformemente, colóquelas en una bandeja para rollos de gelatina uniformemente. Cubre la sartén con un poco de spray antiadherente. Cubra sus fuegos con las 2 cucharadas de condimento y tírelos bien.
3. Cocine las patatas fritas en el horno durante unos 35 a 45 minutos. Darles la vuelta después de unos 25 a 30 minutos.
4.

19. Clásicos de 4 ingredientes

Ingredientes

- 2 papas grandes, peladas y cortadas en palitos de fósforo
- 1/4 cucharadita de sal
- Aceite para freír
- 1/4 taza de mantequilla derretida

Direcciones

1. Consigue un cuenco de agua con hielo. Coloque las papas cortadas en el tazón y déjelas reposar sumergidas durante 60 a 80 minutos.
2. Escurre todo el exceso de líquido y comienza a calentar el aceite a 325 grados. Trabajando en conjuntos, fríe las patatas durante 7 minutos. Coloque las papas en un plato de papel toalla para escurrir. Una vez que las patatas se hayan secado un poco, cúbrelas con la sal uniformemente, luego la mantequilla y mezcla todo.

20. Cebollas y papas fritas con parmesano

Ingredientes

- 3 papas medianas, cortadas en rodajas más finas
- 2 tazas de gajos finamente triturados
- cebollas fritas,
- 3 cucharadas de mantequilla
- 1/2 taza de queso parmesano rallado
- aceite vegetal
- 1 taza de salsa de tomate, opcional
- 1-2 cucharada de salsa picante, a temperatura ambiente

Direcciones

1. Ajuste su horno a 400 grados antes de hacer cualquier otra cosa.
2. Consiga un tazón, coloque la salsa picante, la mantequilla y las papas fritas en el tazón y mezcle uniformemente.

3. Obtenga un segundo tazón, combine el queso y las cebollas fritas y mezcle uniformemente.

4. Cubra las papas con la mezcla de cebolla de manera uniforme presionando los gajos en la mezcla y luego coloque todo en una cacerola que haya sido cubierta con spray antiadherente.

5. Cocine todo en el horno durante 24 minutos y una vez que las patatas estén cocidas, sáquelas del horno para que se enfríen.

6. Consiga un tazón pequeño y combine su salsa de tomate y 2 cucharadas de caliente y revuelva todo junto.

7. Cubra sus papas fritas con la salsa de tomate y mezcle uniformemente.

8.

21. Cortes de arrugas

Ingredientes
- 5 tazas de papas fritas congeladas cortadas arrugadas
- 1 cucharadita de sal de cebolla
- 1/4 cucharadita de pimentón
- 1/3 taza de queso parmesano rallado

Direcciones
1. Configure su horno a 450 grados antes de hacer cualquier otra cosa.
2. Consigue una cazuela y cúbrela con spray antiadherente. Coloca las patatas fritas en el plato y cúbrelas con el pimentón y la sal de cebolla.
3. Mezcle todo de manera uniforme para cubrir bien las papas fritas.
4. Cocine sus papas fritas en el horno durante aproximadamente 17 minutos a 22 minutos o hasta que estén completamente cocidas. Una vez

terminadas las patatas fritas, cúbrelas con el
queso parmesano.

22. Papas fritas atenienses del Yukón

Ingredientes

- 4 papas Yukon gold, cerillas en rodajas
- 2-3 tazas de aceite de oliva extra virgen
- sal
- orégano
- queso Parmigiano-Reggiano rallado o queso pecorino Romano
- 1 / 8-1 / 4 onza líquida de jugo de limón

Direcciones

1. Pon tu aceite de oliva caliente en una sartén. Trabajando en conjuntos, comience a freír las papas en el aceite hasta que estén doradas. Colóquelos en un plato forrado con toallas de papel para escurrir.
2. Una vez fritas y escurridas todas las patatas, cúbrelas con orégano, pimienta y sal. Mezcle todo de manera uniforme, luego cubra las papas fritas con el queso de su elección.

3.   Mezcle las papas fritas nuevamente, luego cubra todo con el jugo de limón y mezcle una última vez antes de servir.

Fry'Em Twice Fries

Ingredientes

- agua aproximadamente 4 cuartos de galón de agua
- 1/4 taza de azúcar blanca
- 6 papas rojas grandes cortadas en tiras de 1/4 a 1/3 de pulgada
- aceite de canola o use aceite vegetal, use suficiente aceite para cubrir las papas por completo
- sal para condimentar

Direcciones

1. Consiga un tazón, combine el agua y el azúcar. Coloca las patatas en el agua y déjalas reposar en el frigorífico durante 7 horas. Saca las patatas fritas del frigorífico y sécalas.

2. Ahora comience a calentar el aceite 375 grados en un horno holandés y, una vez que el aceite esté caliente, fríe las papas en el set. Deje

que las papas fritas se cocinen durante aproximadamente 7 a 9 minutos, luego retírelas del aceite y comience con el siguiente juego.

3.   Continúa friendo las papas en grupos hasta que todo esté cocido en el aceite. Coloque las papas en un plato forrado con papel toalla y luego toda su sal a las papas tan pronto como se hayan retirado del aceite al plato.

Ingredientes

- 1 1/2 tazas de harina para todo uso
- 1 huevo
- 1 1/2 cucharaditas de pimentón
- 1/3 taza de leche
- 1 cucharadita de sal
- 6 papas, cortadas en gajos
- 1/2 cucharadita de pimienta negra molida

- 1/4 taza de aceite vegetal
- 1/2 cucharadita de chile en polvo
- 1/4 cucharadita de pimienta de cayena

Direcciones

1. Pon tu aceite de oliva caliente en una sartén. Trabajando en conjuntos, comience a freír las papas en el aceite hasta que estén doradas. Colóquelos en un plato forrado con toallas de papel para escurrir.

2. Una vez fritas y escurridas todas las patatas, cúbrelas con orégano, pimienta y sal. Mezcle todo de manera uniforme, luego cubra las papas fritas con el queso de su elección.

3. Mezcle las papas fritas nuevamente, luego cubra todo con el jugo de limón y mezcle una última vez antes de servir.

25. Papas fritas estilo comedor de Nueva Jersey

Ingredientes
- 1 papa grande para hornear, cortada en gajos
- 1 cucharada de aceite de oliva
- 1/2 cucharadita de pimentón
- 1/2 cucharadita de condimento italiano
- 1/2 cucharadita de ajo en polvo
- 1/2 cucharadita de chile en polvo
- 1/2 cucharadita de cebolla en polvo

Direcciones
1.   Configure su horno a 450 grados antes de hacer cualquier otra cosa.

2.   Obtenga un tazón para sus papas y combine con ellas: cebolla en polvo, aceite de oliva, chile en polvo, ajo en polvo, especias italianas y pimentón.

3.   Coloque nuestras cuñas en una bandeja para hornear que haya sido cubierta con spray antiadherente y luego cocine todo en el horno durante 40 a 46 minutos.

4.

Ingredientes

- 1 cucharada de aceite vegetal
- 1 1/2 libras de carne molida magra
- 1/2 cebolla, cortada en cubitos 1/2 pimiento verde, cortado en cubitos
- sal y pimienta negra al gusto
- 1 lata de 10.75 onzas de crema de champiñones condensada
- 3/4 taza de salsa de queso procesado como Cheez Whiz
- 1/2 paquete de 28 onzas de papas fritas congeladas con poco presupuesto

Direcciones

1. Cubra una cacerola con aceite y luego ajuste su horno a 400 grados antes de hacer cualquier otra cosa.

2. A medida que el horno se calienta, comience a freír la carne molida en aceite y luego combine el pimiento verde y la cebolla. Sofreír la carne durante 14 minutos hasta que esté completamente cocida. Agregue un poco de pimienta y sal y luego combine en la sopa. Revuelva todo junto, luego deje que la mezcla hierva a fuego lento. Una vez que todo esté hirviendo suavemente, ajuste el fuego a bajo.

3. Coloque el queso en el microondas durante unos 45 segundos para que se derrita y luego coloque la carne en la cacerola. Cubra la carne con el queso y luego coloque las papas fritas sobre todo.

4. Cocina el plato en el horno durante 20 minutos o hasta que se terminen todas las patatas fritas.

Papas fritas para siempre

Ingredientes

- 4 papas rojas grandes, peladas y cortadas
- 1 cucharadita de ajo en polvo
- en papas fritas de 1/4 de pulgada de grosor
- 1 cucharadita de pimienta de cayena
- 1/4 taza de aceite vegetal
- 1 cucharadita de azucar blanca
- 1/4 taza de cóctel de jugo de tomate y vegetales
- 1 cucharada de sal
- cucharada de chile en polvo
- 1 cucharadita de comino molido
- cucharaditas de gránulos de cebolla seca

Direcciones

1. Cubra una sartén con gelatina con aceite y luego ajuste su horno a 375 grados antes de hacer cualquier otra cosa.

2.   Coge un tazón, combina: patatas y agua fría. Déjalos reposar sumergidos durante 20 minutos.

3.   Obtenga un segundo tazón, combine: sal, aceite, azúcar, jugo de tomate, pimienta de cayena, chile en polvo, ajo en polvo, cebolla y comino.

4.   Retire las patatas del agua, séquelas con unas toallas y colóquelas en la mezcla de polvo y aceite. Mezcle todo para cubrir uniformemente las papas con la mezcla de especias y luego coloque todo en la bandeja para panecillos de gelatina.

5.   Cocine las papas fritas en el horno durante 25 minutos, luego voltee las papas y continúe cocinando durante unos 15 minutos más.

28. Papas fritas portuguesas simples

Ingredientes

- 1 cuarto de aceite para freír
- 3 papas grandes, en juliana
- 3 tazas de cilantro fresco picado
- sal y pimienta para probar

Direcciones

1. Caliente el aceite a unos 350 grados en un horno holandés.
2. Trabajando en lotes, cocine aproximadamente un tercio de las papas en el aceite durante aproximadamente 6 minutos. Luego agregue el cilantro y continúe cocinando durante 60 segundos más. Coloque las papas a un lado en unos platos forrados con toallas de papel.
3. Continúe friendo papas en lotes como este y escurriendo. Una vez fritas todas las patatas y escurridas, cúbrelas con un poco de pimienta y sal.
4.

29. Aceite de trufa y papas fritas con perejil

Ingredientes

- Spray para cocinar
- 1 libra de papas, cortadas en tiras
- sal y pimienta negra molida al gusto
- 1 cucharada de aceite de trufa blanca, o al gusto
- 2 cucharaditas de perejil fresco picado, o más al gusto

Direcciones

1. Cubra una bandeja para rollos de gelatina con spray antiadherente y luego ajuste el horno a 350 grados antes de hacer cualquier otra cosa.
2. Coloca la papa en capas sobre el molde para panecillos y cúbrelas con un poco de spray

antiadherente. Mezcle las patatas, cúbralas con un poco de pimienta y sal y vuelva a tirar todo.

3.   Cocine las patatas en el horno durante 35 minutos y luego déjelas perder su calor. Coloque todo en un bol y cubra las papas uniformemente con más sal, perejil y aceite de trufa. Revuelva las papas para cubrirlas uniformemente con aceite y especias.

4.

Ingredientes

- Spray para cocinar
- 2 papas grandes, cortadas en rodajas de 1/4 de pulgada
- 2 cucharadas de aceite vegetal
- 1/4 taza de queso parmesano rallado
- 1 cucharada de ajo en polvo
- 1 cucharada de albahaca fresca picada
- 1 cucharada de sal
- 1 cucharada de pimienta negra molida gruesa

1. Configure su horno a 375 grados antes de hacer cualquier otra cosa.
2. Consigue una cazuela y cúbrela con papel de aluminio. Cubra el papel de aluminio con un poco de spray antiadherente y luego coloque las papas en un tazón.

3. Cubre las papas con aceite vegetal y mézclalas, luego combina la pimienta negra, el parmesano, la sal, la albahaca y el ajo en polvo. Mezcle todo nuevamente para cubrir uniformemente las papas y luego colóquelas en la cazuela de manera uniforme.

4. Cocine todo en el horno durante 31 a 36 minutos o hasta que las patatas fritas estén doradas.

5.

31. Papas fritas criollas de Luisiana

Ingredientes

- 1/4 taza de aceite de oliva 6 papas grandes para hornear, cortadas en rodajas finas
- 1 cucharadita de ajo en polvo
- 1 cucharadita de cebolla en polvo
- 1 cucharadita de chile en polvo
- 1 cucharadita de condimento cajún / criollo
- 1 cucharadita de sal marina

Direcciones

1. Ajuste su horno a 400 grados antes de hacer cualquier otra cosa.

2. Obtenga un tazón, combine: sal marina, aceite de oliva, especia cajún / criolla, ajo en polvo, chile en polvo y cebolla en polvo. Mezcle las especias de manera uniforme y luego combine con las papas.

3.   Mezcle todo de manera uniforme y luego colóquelo todo en una cacerola espaciada uniformemente.

4.   Cocine las papas fritas en el horno durante unos 30 a 37 minutos, luego voltee las papas y continúe horneando durante 8 minutos más.

32. Papas fritas fáciles al estilo azteca

Ingredientes
* 2 libras de yuca, pelada y cortada en secciones de 4 pulgadas
* 2 cuartos de aceite vegetal para freír sal al gusto

Direcciones
1. Pon tu yuca a hervir en una cacerola. Una vez que la mezcla esté hirviendo, tapa la olla, baja el fuego y deja que hierva suavemente durante 25 minutos. Retire el líquido y luego corte la yuca en palitos de fósforo cuando se hayan enfriado lo suficiente como para manipularlos fácilmente.
2. Recuerda desechar el centro interior duro de las yucas.

3. Comience a calentar el aceite a aproximadamente 350 a 370 grados y, una vez que el aceite esté caliente, fríe alrededor de 1/3 a 1/4 de las papas fritas durante aproximadamente 6 a 7 minutos por juego.

4. Coloque las papas fritas de yuca para que se escurran y, una vez que todo esté frío, cúbralas con sal.

5.

33. Papas fritas con comino al curry indio

Ingredientes

- 1 papa rojiza, cortada en tiras de tamaño uniforme
- 1 cuarto de aceite vegetal para freír
- 1/4 cucharadita de curry en polvo
- 1/4 cucharadita de sal de comino al gusto

Direcciones

1. Deje reposar la papa sumergida en agua durante 45 minutos. Luego escúrrelos y sécalos uniformemente.

2. Caliente el aceite en un horno holandés a aproximadamente 270 a 275 grados, luego fríe las papas durante 6 minutos en el aceite caliente durante 2 minutos, luego voltee las papas fritas y fríalas durante aproximadamente 2 a 3 minutos. Coloca las papas fritas en un plato forrado con papel toalla para escurrir y continúa friendo todo en tandas.

3. Una vez que todas las papas estén cocidas, aumente la temperatura del aceite a 350 grados y, trabajando en lotes, vuelva a freír las papas

durante 4 a 5 minutos y luego colóquelas a un lado nuevamente para que se escurran.

4.   Coloque todas las papas fritas en un tazón, luego cúbralas con comino, curry y sal y mezcle todo completa y uniformemente.

34. Papas fritas de cártamo

Ingredientes

- Spray para cocinar
- 6 papas Yukon Gold, cortadas en papas fritas gruesas
- 1 cucharada de azucar blanca
- 1/4 taza de aceite de cártamo
- 1 cucharadita de estragón Direcciones
- 1 cucharadita de ajo en polvo, o más al gusto
- 1 cucharadita de sal o más al gusto
- 1 cucharadita de pimienta negra molida, o más al gusto

Direcciones

1. Cubra una cacerola con papel de aluminio, cubra el papel de aluminio con spray antiadherente y luego ajuste el horno a 425 grados antes de hacer cualquier otra cosa.

2. Consigue un colador para las patatas, cúbrelas con el azúcar de manera uniforme y revuélvelas. Deje reposar las patatas durante 40 minutos para que se escurran.

3. Obtenga un tazón, combine: pimienta negra, estragón, papas, aceite de cártamo, sal y ajo en polvo.

4. Mezcle las papas de manera uniforme en el aceite y luego colóquelas en la cacerola de manera uniforme.

5. Cocine todo en el horno durante 25 minutos, luego encienda el fuego y continúe horneando durante unos 15 minutos.

35. Patatas fritas con cilantro y camote

Ingredientes

- 2 batatas, cortadas en papas fritas
- cucharada de aceite de oliva
- 1/4 taza de queso parmesano
- cucharadas de cilantro fresco picado
- 1 cucharada de albahaca fresca picada
- sal marina y pimienta negra molida al gusto

Direcciones

1. Configure su horno a 425 grados antes de hacer cualquier otra cosa.
2. Consiga un tazón, combine: aceite de oliva y batatas. Revuelva todo completamente y luego coloque las papas en capas en una cacerola.
3. Cocine las papas fritas en el horno durante 14 minutos, luego déles la vuelta y continúe cocinando durante unos 10 minutos más.
4. Coloque todo en un tazón para servir y cubra las papas fritas, mientras aún estén calientes, con el parmesano, la albahaca y el cilantro. Mezcle

todo y luego agregue la sal, mezcle nuevamente y luego agregue la pimienta.

Papas fritas con mostaza, pimienta y lima

Ingredientes

- 4 papas rojizas, peladas y cortadas en papas fritas de 1/4 de pulgada de grosor
- 1/4 cucharadita de pimienta de cayena
- 1 cucharadita de chile en polvo
- 3 cucharadas de aceite de oliva
- 2 cucharadas de mostaza marrón picante
- 2 cucharadas de jugo de lima
- 1/2 cucharadita de pimienta negra molida
- 2 dientes de ajo picados
- 1 cucharadita de sal
- 1/2 cucharadita de hojuelas de pimiento rojo

Direcciones

1. Ajuste su horno a 400 grados antes de hacer cualquier otra cosa.
2. Consiga un tazón, combine: pimienta, aceite de oliva, mostaza, jugo de lima, chile en polvo y ajo, cayena y hojuelas de pimienta. Revuelva las

especias, luego agregue las papas y mezcle todo bien.

3.   Coloca las papas fritas en un molde para rollos de gelatina ligeramente engrasado o cubierto con spray antiadherente y cocina todo en el horno durante 18 minutos. Voltea las papas y continúa cocinando por 14 minutos más o hasta que estén completamente cocidas.

4.

37. Papas fritas con mantequilla y limón

Ingredientes
- Paquete de 32 onzas de papas fritas congeladas
- 1/2 cucharada de pimienta de limón
- 2 cucharadas de condimento de pimiento rojo seco
- 1 cucharada de ajo en polvo
- pimienta negra al gusto
- 2 pizcas de chile en polvo
- 1/4 taza de mantequilla

Direcciones
1. Configure su horno a 425 grados antes de hacer cualquier otra cosa.
2. Cubra una fuente para hornear con un poco de spray antiadherente y luego coloque las papas en la fuente. Cubra las papas con: chile en polvo, pimienta de limón, ajo en polvo, pimiento rojo. Mezcle todo y luego salpique las papas fritas con la mantequilla de manera uniforme.
3. Cocine todo en el horno durante 17 minutos volteando las patatas a la mitad. Si las patatas

fritas no están listas, cocínelas durante unos 7 minutos más.

4.

Franquicia de papas fritas

Ingredientes

*   8 papas, peladas y cortadas en papas fritas de $\frac{1}{4}$ de pulgada de grosor
*   1/4 taza de azúcar blanca
*   2 cucharadas de sirope de maíz
*   1 cuarto de aceite de canola, o según sea necesario
*   agua hirviendo

Direcciones

1.   Consigue un cuenco, para tus patatas y déjalas reposar sumergidas en agua durante 15 minutos, luego retira el líquido y seca las patatas.
2.   Ahora sumerja las papas en suficiente agua hirviendo, luego agregue el jarabe de maíz y el azúcar y revuelva todo. Haga esto en un recipiente de metal. Pon todo en el frigorífico durante 10 minutos. Retirar el líquido y secar las patatas con unas toallas de papel.

3. Consiga una cazuela o un molde para panecillos de gelatina y coloque las papas fritas en el plato, coloque un plástico que lo cubra y ponga todo en el congelador durante 45 minutos.

4. Ahora caliente el aceite para freír a unos 350 a 360 grados y una vez que el aceite esté caliente, comience con 1,3 de las patatas fritas en el aceite durante 3 minutos. Coloca las patatas fritas en un plato con papel toalla para escurrir y déjalas por unos 10 minutos. Continúe trabajando en lotes hasta que todas las papas fritas estén listas.

5. Ahora vuelva a freír las papas fritas 1/3 a la vez durante 6 minutos cada lote y luego sazone las papas fritas con un poco de sal.

6.

39. Papas fritas con Tourtiere

Ingredientes

- 2 1/2 libras de papas rojizas, peladas, cortadas en palitos de fósforo, remojadas en agua fría 1/2 taza de agua, o según sea necesario
- 1 cucharadita de pimentón
- 1 taza de harina para todo uso
- 1 taza de aceite vegetal para freír
- 1 cucharadita de sal de ajo
- 1 cucharadita de sal de cebolla
- 1 cucharadita de mezcla de especias Tourtiere
- 1 cucharadita de sal

Direcciones

1. Pon tu aceite caliente en una sartén.
2. A medida que el aceite se calienta, comience a tamizar las siguientes especias en un tazón: pimentón, Tourtiere, harina, sal, sal de ajo y sal de cebolla. Agregue una pequeña cantidad de agua para que las especias se mezclen ligeramente con

la batería lo suficiente para que gotee de los utensilios.

3.   Cubre las papas fritas de manera uniforme con la masa y luego colócalas con cuidado en el aceite caliente.

4.   Asegúrese de colocar cada alevín en el aceite por separado para evitar que se peguen.

5.   Deja que las frituras se cocinen hasta que estén doradas.

40. Papas fritas de la feria estatal

Ingredientes

- Paquete de 32 onzas de papas fritas condimentadas congeladas
- cucharadas de maicena
- 2 cucharadas de agua
- 2 tazas de leche descremada
- 1 cucharada de margarina
- 8 rebanadas de queso americano, cortado en trozos
- 1 lata de 15 onzas de chile sin frijoles como Hormel, o chile vegetariano sin carne

Direcciones

1. Cocine sus papas fritas en el horno durante unos 25 minutos hasta que estén doradas a 350 grados.
2. Consiga un tazón pequeño y combine el agua y la maicena de manera uniforme.
3. Consigue una cacerola con la margarina y la leche hirviendo mientras bate, luego baja el fuego

y agrega la mezcla de maicena a la mezcla de leche. Ajuste el fuego a un nivel medio y continúe calentando la mezcla hasta que se espese mientras revuelve.

4.   Combine las rodajas de queso y revuelva la mezcla hasta que todo se derrita. Luego calienta tu chile en una olla aparte.

5.   Una vez que la leche esté lista y el chile, cubra sus papas fritas con el chile y el queso y sirva.

6.

Ingredientes

- 4 papas medianas Yukon Gold, gajos
- 1 cucharada de mantequilla
- cucharada de aceite de oliva, o más al gusto
- dientes de ajo picados
- 1/2 cucharadita de sal marina fina
- 1 cucharadita de pimienta negra molida

Direcciones

1. Ajuste su horno a 400 grados antes de hacer cualquier otra cosa.
2. Caliente el ajo, el aceite de oliva y la mantequilla en una olla y luego combine la sal y la pimienta. Revuelva todo uniformemente y luego cubra las rodajas uniformemente con la salsa de ajo.
3. Coloca todo en una cazuela distribuida uniformemente y cocina las patatas fritas en el horno durante 40 minutos.

42. Fiesta de papas fritas

Ingredientes

- aceite de oliva en aerosol para cocinar 4 patatas russet
- 1 cucharada de aceite de oliva
- 1 cucharada de romero fresco picado
- 1 1/2 cucharaditas de hojas secas de tomillo
- 1 cucharadita de ajo en polvo
- 1/2 cucharadita de hojas secas de orégano
- 1/2 cucharadita de perejil seco
- 1/2 cucharadita de salvia molida
- 1/2 cucharadita de pimienta negra molida
- 1/4 cucharadita de sal

Direcciones

1. Cubra una cazuela o un molde para rollos de gelatina con spray antiadherente y luego ajuste el horno a 425 grados antes de hacer cualquier otra cosa.

2. Coge un bol para las patatas y coloca una toalla sobre el bol o un film de plástico y cocina

todo en el microondas durante 5 minutos a fuego alto. Deje que las papas pierdan su calor y luego corte cada una en gajos.

3.   Consigue un segundo tazón para las patatas cortadas, cúbrelas con aceite de oliva y revuélvelas. Coloca las papas en capas en el molde para rollos de gelatina o en una cazuela y cocínalas en el horno durante 12 minutos, luego cúbrelas con un poco de spray antiadherente y cocínalas por 14 minutos más.

4.   Consiga un plato pequeño y combine: sal, romero, pimienta, tomillo, salvia, perejil, ajo en polvo y orégano.

5.   Cubre las papas con la mezcla de especias mientras aún estén calientes y revuélvelas.

43. Cuñas al curry

Ingredientes

- 6 papas, cortadas en gajos
- 2 cucharadas de aceite vegetal
- 2 cucharadas de queso parmesano rallado
- 2 cucharaditas de curry en polvo
- 1 cucharadita de pimentón
- 1 cucharadita de sal
- 1/2 cucharadita de ajo en polvo

Direcciones

1. Ajuste su horno a 400 grados antes de hacer cualquier otra cosa.
2. Cubra una bandeja para rollos de gelatina con spray antiadherente.
3. Consiga un tazón, combine: ajo en polvo, aceite vegetal, sal, parmesano, pimentón y curry. Mezcle todo de manera uniforme para cubrir las capas de papas en la sartén.

4.   Cocine las cuñas en el horno durante unos 14 minutos, luego déles la vuelta y continúe cocinando durante 10 minutos más.

5.

44. Papas fritas para el desayuno

Ingredientes
- cucharadita de mantequilla, o al gusto
- 1/4 taza de papas fritas congeladas, o al gusto
- huevos batidos
- 1 pizca de sal y pimienta negra molida al gusto

Direcciones
1. Caliente y derrita la mantequilla en una sartén de hierro fundido. Luego, una vez que la mantequilla esté caliente, agregue las papas fritas y cocínelas durante unos 6 minutos.
2. Combine la sal y los huevos, luego la pimienta y continúe revolviendo todo durante aproximadamente 4 a 6 minutos más.
3.

45. Papas fritas de Jamaica

Ingredientes
- 2 1/2 libras de papas rojas, peladas, cortadas en palitos de fósforo, remojadas en agua fría
- 1 cucharadita de pimentón
- 1 cucharadita de sal
- 1 taza de harina para todo uso
- 1/2 taza de agua o según sea necesario
- 1 cucharadita de sal de ajo
- 1 taza de aceite vegetal para freír
- 1 cucharadita de sal de cebolla
- 1 cucharadita de mezcla de especias para curry jamaicano

Direcciones
1. Pon tu aceite caliente en una sartén.
2. A medida que el aceite se calienta, comience a tamizar las siguientes especias en un tazón: pimentón, mezcla de especias de curry jamaicano, harina, sal, sal de ajo y sal de cebolla. Agregue

una pequeña cantidad de agua para que las especias se mezclen ligeramente con la batería lo suficiente para que gotee de los utensilios.

3.   Cubre las papas fritas de manera uniforme con la masa y luego colócalas con cuidado en el aceite caliente.

4.   Asegúrese de colocar cada alevín en el aceite por separado para evitar que se peguen.

5.   Deja que las frituras se cocinen hasta que estén doradas.

Ingredientes

- 2 cucharadas de romero seco
- cucharada de semillas de hinojo
- cucharadas de ajedrea seca
- 2 cucharadas de tomillo seco
- 2 cucharadas de albahaca seca 2 cucharadas de mejorana seca
- 2 cucharadas de flores de lavanda secas
- 2 cucharadas de perejil italiano seco
- 1 cucharada de orégano seco
- 1 cucharada de estragón seco
- 1 cucharadita de polvo de laurel

Direcciones

1. Con un mortero triturar la semilla de hinojo y el romero. Luego combine con laurel en polvo, ajedrea, hinojo, tomillo, romero, albahaca, perejil, mejorana, orégano, lavanda y estragón en un tazón.

2.   Luego transfiéralo a un recipiente apropiado para su almacenamiento.

3.

Ingredientes

- 1 cucharadita de sal de apio 1/4 cucharadita de mostaza en polvo
- 1/2 cucharadita de pimienta negra molida
- 1/2 cucharadita de ajedrea triturada
- 1/2 cucharadita de clavo molido
- 1/2 cucharadita de canela en polvo
- 1/2 cucharadita de tomillo molido
- 1/4 cucharadita de salvia molida

Direcciones

1. Tome un tazón y tamice o mezcle uniformemente: mostaza en polvo, sal de apio, salvia, pimienta, tomillo, ajedrea, canela y clavo.
2. Obtenga su recipiente hermético y guarde la mezcla seca para un uso continuo.
3.

48. Caribeño (curry jamaicano)

Ingredientes
- 1/4 taza de semillas de cilantro enteras

- 5 cucharadas de cúrcuma molida
- 2 cucharadas de semillas de comino enteras
- 2 cucharadas de semillas de mostaza enteras
- 2 cucharadas de semillas de anís enteras
- 1 cucharada de semillas de fenogreco enteras
- 1 cucharada de bayas de pimienta de Jamaica enteras

Direcciones
1. Combine las semillas de cilantro, semillas de comino, semillas de mostaza, semillas de anís, semillas de fenogreco y bayas de pimienta de Jamaica en una sartén.
2. Tostar a fuego medio hasta que el color de las especias se oscurezca ligeramente y las

especias estén muy fragantes, unos 10 minutos.
Retire las especias de la sartén y déjelas enfriar
a temperatura ambiente. Muele las especias con la
cúrcuma en un molinillo de especias. Almacenar en
un recipiente hermético a temperatura ambiente.

3.   Caliente sin aceite, tueste lo siguiente
durante 11 minutos: bayas de pimienta de Jamaica,
semillas de cilantro, semillas de fenogreco,
semillas de comino, semillas de anís y semillas de
mostaza.

4.   Obtenga un mortero o su molinillo preferido
y muela todas las especias tostadas con cúrcuma
también.

5.   Ingrese todo en sus contenedores de
almacenamiento.

6.

Mezcla de especias cajún

Ingredientes

- 2 cucharaditas de sal
- 2 cucharaditas de ajo en polvo
- 2 1/2 cucharaditas de pimentón
- 1 cucharadita de pimienta negra molida
- 1 cucharadita de cebolla en polvo
- 1 cucharadita de pimienta de cayena 1 1/4 cucharaditas de orégano seco Instrucciones
- 1 1/4 cucharaditas de tomillo seco
- 1/2 cucharadita de hojuelas de pimiento rojo (opcional)

Direcciones

1.   Obtenga un tazón, mezcle uniformemente o tamice: hojuelas de pimiento rojo, sal, tomillo, ajo en polvo, orégano, pimentón, cayena, cebolla en polvo y pimienta negra.

2.   Consiga un buen recipiente que sea hermético y almacene su mezcla.

TACOS VEGANOS

- 6 tortillas de maíz o harina
- Una lata de 15 onzas de garbanzos, enjuagados y escurridos
- 1/2 cucharadita de chile ancho en polvo
- 3 tazas de col verde rallada
- 1 taza de zanahoria rallada
- 1/2 taza de cebolla morada en rodajas finas
- 1/2 taza de chile poblano sin semillas y en cubitos pequeños
- 1/2 taza de cebolla verde en rodajas
- 1/4 taza de cilantro fresco picado
- 1/4 taza de mayonesa de tofu y anacardos (página 139)

- 2 cucharadas de jugo de lima 1/4 cucharadita de sal marina
- 1 aguacate, sin hueso y en rodajas
- 1 cucharada de Sriracha (opcional)

1. Precaliente el horno a 375 ° F.

2. Forme las tortillas colocándolas en un tazón antiadherente apto para horno y horneándolas en el horno hasta que estén crujientes, de 5 a 10 minutos.

3. En un tazón grande, aplastar los garbanzos con un tenedor y espolvorear con el chile en polvo. Agrega el bage, la zanahoria, la cebolla morada, el chile poblano, la cebolla verde, el cilantro, la mayonesa y el jugo de limón. Mezcle bien, agregando sal al final.

4. Divida la mezcla de ensalada entre los tacos y cubra con el aguacate en rodajas. Agrega Sriracha si te gustan los tacos picantes.

51. Tacos de lentejas, col rizada y quinua

INGREDIENTES

Relleno

- 3 tazas de quinua, cocida (1 taza seca)
- 1 taza de lentejas cocidas ($\frac{1}{2}$ taza secas)
- Un lote de condimento para tacos (página 202 o comprado en la tienda)
- 1 cucharada de aceite de coco *

- 2 - 3 hojas grandes de col rizada, sin tallos y picadas

Conchas para tacos de maíz azul sin OMG

Aderezos

- 1 - 2 aguacates, sin hueso, pelados y en rodajas
- Hojas de cilantro fresco Rodajas de lima fresca

Pasos

a) En una olla grande a temperatura media, mezcle la quinua cocida, las lentejas, el condimento para tacos, el aceite de coco y la col rizada. Revuelva bien por 3 - 5 minutos hasta que el calor marchite las hojas.

b) Tuesta las conchas para tacos en una bandeja para hornear forrada de pergamino de acuerdo con las instrucciones del fabricante.

c) Cargue las cáscaras con relleno, luego cubra con aguacate, cilantro y un chorrito de limón. Sirva caliente.

52. Tacos de fruta fresca

INGREDIENTES

- Tortillas de trigo integral (pequeñas)
- Agua
- Canela molida
- Azúcar
- Yogur griego (con sabor a vainilla)

- Su elección de fruta fresca (en cubitos):
- Fresas
- Mangos

- Piñas
- Kiwis
- O cualquier otra fruta favorita servirá

DIRECCIONES

a) 1. Precaliente el horno a 325 ° F (los hornos tostadores funcionan mejor).

b) Con un cortador de galletas de plástico redondo, corte pequeños círculos de las tortillas de trigo integral (aproximadamente 2 por tortilla pequeña). Coloca estas tortillas en un molde para hornear. Coloque el agua en un tazón pequeño; Cubra ligeramente la parte superior de las tortillas con agua, usando un cepillo para rociar. Mezcle una pequeña cantidad de canela molida y azúcar en un bol; espolvoree las tortillas húmedas con la mezcla de canela y azúcar.

c) Con unas pinzas, coloque individualmente cada tortilla sobre la rejilla del horno tostador (con el lado de la canela / azúcar hacia abajo), permitiendo que la

d) los lados de la tortilla caigan entre dos barras de metal en la rejilla (esto le dará a las tortillas una forma curva, de "taco"). Hornee aprox. 5-7 minutos, revisando las tortillas periódicamente (el tiempo variará dependiendo del nivel de humedad de cada tortilla). Con unas pinzas, levante las tortillas de la rejilla y transfiéralas a una rejilla para enfriar; las tortillas deben permanecer en esta posición boca abajo para que se enfríen, que es el paso final para formar la forma de taco.

e) Transfiera las cáscaras para tacos enfriadas a un plato y coloque una cucharada de yogur griego de vainilla en la cáscara de la tortilla; use una cuchara para alisar y cubrir el fondo y los lados de la cáscara.

f) Pon tu fruta favorita en la cáscara y ¡disfrútala!

53. Tacos de Hongos con Chipotle

PARA 4 PERSONAS

- 1 cebolla morada mediana, en rodajas finas
- champiñones portobello grandes, cortados en cubos de 1/2 pulgada
- 6 dientes de ajo picados
- Sal marina al gusto
- 12 tortillas de maíz de 6 pulgadas
- 1 taza de salsa de crema de chipotle (página 76)
- 2 tazas de lechuga romana rallada
- 1/2 taza de cilantro fresco picado

a) Caliente una sartén grande a fuego medio-alto. Agrega la cebolla morada y los champiñones portobello y sofríe de 4 a 5 minutos. Agregue agua de 1 a 2 cucharadas a la vez para evitar que la cebolla y los champiñones se peguen. Agrega el ajo y cocina por 1 minuto.

b) Sazonar con sal. Mientras se cocinan los champiñones, agregue 4 tortillas a una sartén antiadherente y caliéntelas por unos minutos hasta que se ablanden.

c) Darles la vuelta y calentar durante 2 minutos más. Eliminar

CONCLUSIÓN

¿No son increíbles las comidas rápidas? Son convenientes, tus manos se mantienen limpias (¡en su mayor parte!), Y tienes prácticamente un número infinito de variaciones. Diferentes panes, rellenos, salsas, la lista sigue y sigue, literalmente.

Por supuesto, los sándwiches y las hamburguesas no son solo para comer en casa. Parte de su conveniencia es tener la capacidad de empacarlos y llevarlos a cualquier lugar, trabajo, picnic o simplemente un día fuera donde quiera llevar su propia comida.

Sin embargo, hay consecuencias por comer comida chatarra, hoy; más de la mitad de los adultos se consideran con sobrepeso, y alrededor del 25% de la población adulta se define como clínicamente obesa.

Así es. En última instancia, depende de nosotros comer mejor. Y es por eso que, con las recetas de este libro, obtienes comida chatarra vegana que es mucho más saludable, libre de animales y aún más sabrosa. ¡Disfrutar!

Lightning Source UK Ltd.
Milton Keynes UK
UKHW020541040621
384916UK00007B/68

9 781802 882018